KRYTERIA SMART

Stań się bardziej skuteczny poprzez wyznaczanie lepszych celów

Specific

Mesurable

Assignable

Relevant

Time-based

KRYTERIA SMART

Stań się bardziej skuteczny poprzez wyznaczanie lepszych celów

napisany przez Guillaume Steffens
przetłumaczony przez Kâmil Kowalski

50MINUTES.com

KRYTERIA SMART

KLUCZOWE INFORMACJE

- **Nazwy:** Cele SMART, kryteria SMART, metoda SMART, cele SMART, metoda SMARTER

- **Zastosowanie:**

  ○ W zarządzaniu i prowadzeniu projektów kryteria SMART są wykorzystywane do definiowania celów, a także skutecznych kluczowych wskaźników efektywności (KPI) oraz ułatwiania ich realizacji.

  ○ W dziedzinie nauk o człowieku i rozwoju osobistym są one wykorzystywane do wyznaczania celów nauczania.

- **Dlaczego jest to skuteczne?** Zasada jest prosta: cel musi spełniać pięć kryteriów, aby potwierdzić jego istotność. Musi być konkretny, mierzalny, możliwy do przypisania, realistyczny i określony w czasie. Mnemotechniczny akronim SMART pozwala również pamiętać o tych elementach, które pomagają w wyznaczaniu realistycznych celów.

- **Słowa kluczowe:**

  ○ Kluczowy wskaźnik efektywności (KPI): rodzaj pomiaru służący do oceny skuteczności lub efektywności.

- Cel: idealny rezultat wynikający z realizacji określonych działań.

- Zarządzanie projektem: organizowanie wszystkich działań, które zmierzają do osiągnięcia danego celu.

WSTĘP

W 1954 roku Peter F. Drucker (konsultant ds. zarządzania przedsiębiorstwem, 1909-2005) w swojej książce "Praktyka zarządzania" zdefiniował koncepcję zarządzania przez cele (MBO), czyli wyznaczania celów ilościowych i/lub jakościowych w określonym czasie. Określił również, że pracownicy muszą być zaangażowani w wyznaczanie celów, aby następnie móc mierzyć i oceniać swoje wyniki. Nie używając formalnie akronimu SMART, Drucker stworzył podstawy tej koncepcji.

 **ZARZĄDZANIE PRZEDSIĘBIORSTWEM**

Przez cały XX wiek wielu autorów badało cechy wymagane do bycia dobrym liderem. Tak było w przypadku Kennetha Blancharda (amerykański ekspert od przywództwa i zarządzania, ur. 1939) i Paula Herseya (amerykański psycholog, 1931-2012), którzy bronili idei, że dobrym liderem jest osoba, która potrafi wyznaczać cele i odpowiednio dostosowywać swoje przywództwo.

Dopiero gdy George T. Doran (profesor zarządzania, 1939-2011) opublikował artykuł, "There's a S.M.A.R.T. Way to Write Management's Goals and Objectives" (Doran, 1981), pojawiła się koncepcja celów SMART. Doran stwierdza, że nie wszystkie cele muszą spełniać kryteria SMART i bardziej przydatne jest używanie ich jako wytycznych.

DEFINICJA MODELU

Akronim SMART odnosi się do pięciu pojęć, do których należy się stale odwoływać przy wyznaczaniu celów, aby potwierdzić ich trafność. W kolejności pojęcia te to: konkretny (S), mierzalny (M), możliwy do przypisania (A), realistyczny (R) i określony w czasie (T).

Pierwotnie model ten był wykorzystywany do określenia specyfiki celu lub konkretnego wskaźnika w środowisku menedżerskim lub zarządzaniu projektami, co wiąże się z pokonaniem abstrakcyjnej idei i skutecznym podjęciem działań. Prostota narzędzia spowodowała, że znalazło ono zastosowanie również w innych domenach, takich jak zasoby ludzkie, gdzie ostatecznym celem jest zachęcenie do rozwoju osobistego i zwiększenie efektywności pracowników. Technika ta może być również stosowana indywidualnie (poprzez wyznaczanie celów osobistych SMART) lub w zespole (menedżer może wyznaczyć cele, które zespół ma wspólnie osiągnąć).

Choć istnieje kilka alternatyw dla tego akronimu, przeanalizujemy tylko najczęściej spotykane warianty.

TEORIA

KRYTERIA SMART

Podczas gdy możemy zdefiniować cel jako wynik serii celów, które muszą być spełnione, same cele mogą być również podzielone na serię celów cząstkowych. Na przykład, aby zobaczyć wzrost sprzedaży (cel końcowy), menedżer postawi sobie za cel pozyskanie 100 nowych klientów.

Jeśli chodzi o kryteria, to są one elementami niezbędnymi do oceny celu, natomiast wskaźniki służą do weryfikacji ich spełnienia. I tak, kryterium określające termin realizacji celu może być kontrolowane przez wskaźnik czasowy, np. "w ciągu tygodnia".

Do kryteriów SMART mogą odnosić się zarówno menedżerowie, jak i pracownicy. Ci pierwsi będą raczej wyznaczać cele dla zespołu, za który są odpowiedzialni, natomiast drudzy będą ustalać cele osobiste.

Na początek, przyjrzyjmy się dokładniej pięciu elementom, które składają się na akronim SMART według George'a T. Dorana.

* **Konkretny.** Cel musi odnosić się do konkretnego elementu. To kryterium pozwala uniknąć sformułowań, które są zbyt szerokie – a zatem zbyt niejasne – takich jak "zwiększyć zyski firmy"; lepszą opcją byłoby coś w rodzaju "zmniejszyć koszt maszyny A", gdzie korzyści

można określić ilościowo. W tym przykładzie "zwiększenie zysków firmy" zostanie uznane za cel końcowy, który zostanie osiągnięty dzięki zmniejszeniu kosztu maszyny. Dzięki precyzyjnemu określeniu celu, działania potrzebne do jego osiągnięcia stają się bardziej przejrzyste. Można dodać cele cząstkowe (zmniejszenie wskaźnika złomu, liczby awarii itp.). Dobry cel jest, zgodnie z tym kryterium, określony przez te główne aspekty: odnosi się do ustawienia lub dokładnego miejsca, a także ma określone finansowanie.

- **Mierzalny.** Istotne jest uwzględnienie tego aspektu, który umożliwia mierzenie wyników przy wyznaczaniu celów w biznesie. Aby to osiągnąć, firma musi mieć niezawodne środki po pierwsze po to, aby uzyskać dostęp do danych, a po drugie, aby je prawidłowo zinterpretować. Określenie ilościowe celu nie zawsze jest możliwe lub łatwe, gdyż niektóre z nich będą miały charakter bardziej jakościowy niż ilościowy. Na przykład, cel poprawy wizerunku firmy będzie trudny do określenia ilościowego. Konieczne jest jednak odniesienie się do tego elementu. W tym przypadku można przeprowadzić badania i zebrać dane liczbowe (postrzeganie firmy przez społeczeństwo w skali od 1 do 10), a następnie dostosować cel.

- **Przypisywalny.** Należy jasno określić jedną lub więcej osób odpowiedzialnych za realizację celu. Mogą to być wewnętrzni lub zewnętrzni współpracownicy firmy. Można również wyznaczyć cel osobisty.

- **Realistyczny.** Pojęcie to ma na celu odróżnienie sytuacji idealnej – trudniejszej do osiągnięcia – od konkretnego celu. Cel musi być możliwy do osiągnięcia przy użyciu obecnych środków firmy lub nowych środków, które byłyby w miarę łatwo dostępne. Przy ustalaniu celu należy również uwzględnić obowiązujące przepisy, aby był on realistyczny. Kryterium to będzie miało wpływ na motywację i zaangażowanie pracowników, więc musi ono również zachować równowagę pomiędzy byciem wyzwaniem a osiągalnym celem. W przypadku niepowodzenia przydatne może być pomyślenie o innym, mniej ambitnym celu.

- **Określony w czasie.** Przy określaniu celu ważne jest ustalenie terminu jego realizacji. Bez wyznaczników czasowych cel może faktycznie stracić swoją konkretność, a co za tym idzie, może nie być możliwe sprawdzenie, czy został osiągnięty.

Przedstawione tu pięć elementów to te zaproponowane przez George'a T. Dorana. Zobaczymy w części "Rozszerzenia i modele pokrewne", że istnieje kilka odmian.

ZALETY MODELU

Choć prostota i mnemotechniczna cecha akronimu to główne zalety modelu, są też inne:

- Po pierwsze, model ten sprzyja osiąganiu konkretnych rezultatów poprzez skupienie się na namacalnych i policzalnych aspektach celów;

- Po drugie, może być stosowany w różnych dziedzinach, a nawet może stosowany w życiu prywatnym;

- Wreszcie, kryteria SMART sprawiają, że cel jest kompletny i nie wymaga wielu dodatkowych szczegółów.

PRAKTYCZNE ZASTOSOWANIE

Chociaż metoda SMART wydaje się stosunkowo prosta, musisz upewnić się, że dokładnie przestrzegasz kroków podczas wyznaczania jednego lub więcej celów, tak aby osiągnąć je w ustalonym czasie, unikając jednocześnie wielu potencjalnych pułapek.

PORADY I NAJWAŻNIEJSZE WSKAZÓWKI

Zasada nr 1 – Cel powinien być konkretny

Niezależnie od dziedziny, refleksja zaczyna się zwykle od pierwszego kryterium: specyfiki celu. Służy to przypomnieniu menedżerom, że muszą być dokładni i stale mieć na uwadze wszystkie aspekty celu, który chcą określić. W przypadku zastosowania w zarządzaniu projektami lub w marketingu pierwszym pytaniem, które należy zadać, jest: "Czy przydzielę różne cele każdemu pracownikowi, czy jeden ogólny cel szefowi działu?". Jeśli kierownik chce przypisać różne cele każdemu pracownikowi, istnieje duża szansa, że zacznie od ustalenia jednego ogólnego celu, zanim podzieli go między różne działy i pracowników. Mogą również zdecydować się na ustalenie ogólnego celu i poprosić liderów działów o przypisanie celów cząstkowych swoim zespołom. Jeśli są one ustalane w sposób partycypacyjny, pracownicy bezpośrednio współpracują przy określaniu celu: sami są częścią projektu i mogą zaoferować swoją opinię. Takie podejście zapewnia większe zaangażowanie z ich strony, ponieważ są zaangażowani od początku procesu.

Zasada nr 2 – Cel powinien być mierzalny

Jeśli chodzi o ilościową lub jakościową mierzalność celu, to najpierw trzeba nie tylko zdefiniować cel w kategoriach liczbowych, ale także spróbować zastanowić się, jak te liczby można uzyskać. Nie zawsze jest to łatwe do uchwycenia, ponieważ informacje są kosztowne (np. kompleksowe badania rynku) lub trudne do obiektywnej analizy (np. stworzenie produktu wysokiej jakości).

Jeśli firma nie posiada działu, który mógłby skonsolidować te dane, ważne jest na tym etapie sporządzenie kompleksowego przeglądu danych, który będzie łatwo dostępny poprzez sieć wewnętrzną. Organizacja często posiada więcej zasobów, niż mogłoby się wydawać osobie poszukującej informacji, nawet jeśli są one podzielone pomiędzy różne działy (księgowość, marketing, finanse itp.). Dane zebrane w danym czasie powinny zostać zapisane, ponieważ służą jako punkt odniesienia do porównania wyników zarejestrowanych po ustalonym terminie.

Chociaż koncepcja oceny jest zawarta w modelu, to jednak należy pamiętać, że ten krok znacznie pomoże menedżerowi z perspektywy czasu, kiedy oceni ostateczne wyniki realizacji celu. W niektórych przypadkach korzystne może być przewidzenie różnych scenariuszy w zależności od limitów, które zostaną wykorzystane do określenia czy cel został osiągnięty: jeśli celem jest zwiększenie sprzedaży o 25%, w którym momencie menedżer jest zadowolony? Lub odwrotnie, w którym momencie decyduje się na zmianę strategii? Czy 25% jest twardą dolną granicą, czy też wzrost o 20% byłby już uznany za sukces bez kwestionowania strategii? Menedżer zareaguje inaczej, jeśli zauważy wzrost sprzedaży o 15% lub 20%, gdy liczył na wzrost o 25%. W zależności od tych scenariuszy można zastosować różne rodzaje działań korygujących.

Zasada nr 3 – Cel powinien być możliwy do przypisania

Kolejnym krokiem jest przypisanie tego celu pracownikowi lub osobie lub organizacji zewnętrznej w zależności od dostępnych zasobów i kosztów związanych z outsourcingiem. W praktyce widać, że niektórzy menedżerowie wolą wyznaczyć kogoś odpowiedzialnego, zanim zajmą się praktycznymi kwestiami związanymi z oceną wyników. W ten sposób menedżer może ustalić z przedstawicielem handlowym, któremu przydzielono zadanie, liczbę sprzedaży, jaką powinien zrealizować, na podstawie tych, które odnotował w poprzednim roku.

Zasada nr 4 – Cel powinien być określony w czasie

Następnie przychodzi czas na określenie, kiedy cel może/musi być zrealizowany. Obowiązkiem menedżera jest opracowanie strategii, która zapewni przestrzeganie terminów. Ponieważ wskazane jest zapewnienie pewnej elastyczności w przypadku nieprzewidzianych okoliczności, menedżer będzie starał się przekazać swoim pracownikom bardziej napięty harmonogram. Nie należy jednak nadużywać tej sztuczki, ponieważ im krótszy czas, tym większa presja na pracowników. Mądrym rozwiązaniem może być również wykorzystanie wykresu Gantta do planowania celów cząstkowych, aby zachować kontrolę nad procesem realizacji celów.

 ## WYKRES GANTTA

Wykres Gantta (opracowany w 1910 roku przez amerykańskiego inżyniera i konsultanta ds. zarządzania, Henry'ego L. Gantta, 1861-1919) jest stosowany głównie jako narzędzie zarządzania projektami. Zapewnia on przegląd różnych zadań do wykonania (przedstawionych za pomocą poziomych pasków) oraz ich ewentualne nakładanie się w czasie. Obecnie istnieje wiele rodzajów oprogramowania, darmowego lub innego, umożliwiającego tworzenie tego typu diagramów.

Zasada nr 5 – Cel powinien być realistyczny

Na koniec należy upewnić się, że cel jest możliwy do osiągnięcia. To pojęcie jest najbardziej subiektywnym elementem modelu i to menedżer musi ocenić cel za pomocą dostępnych narzędzi (analizy statystyczne, badania rynku, badania satysfakcji itp.), a także własnej intuicji. Aby tego dokonać, będą oni zobowiązani do wykorzystania:

• namacalne liczby do oszacowania przewidywanej sytuacji

- przeszłe doświadczenia

- prognozy w celu oceny przyszłej sytuacji.

Kierownik może zdecydować się na weryfikację realistycznego aspektu celu w oparciu o niektóre lub wszystkie wymienione powyżej pojęcia. W tym drugim przypadku sprawdzi wcześniej, czy osoby przydzielone do projektu mają wystarczające środki, aby osiągnąć cel na czas. To kryterium jest, naszym zdaniem, najtrudniejsze do uchwycenia i będzie też najbardziej kontestowane.

 ## WIEDZIAŁEŚ?

,Intuicja' w zarządzaniu odnosi się do emocjonalnych i nieświadomych elementów, które nie zawsze są uzasadnione obiektywnymi danymi i kierują kierownikiem w podejmowaniu decyzji. Menedżer będzie w stanie wyczuć, czy nowy projekt może zostać zrealizowany, czy nie, w zależności od swojego doświadczenia i przeżyć w podobnych sytuacjach.

Chociaż metoda SMART służy do prawidłowego definiowania celów, nigdy nie wolno jej stosować jako kompleksowej listy kontrolnej przy wyznaczaniu celu: niektórych elementów akronimu może brakować. Tak więc cel, który nie jest mierzalny, byłby z pewnością mniej łatwy do realizacji, ale niekoniecznie byłby bezużyteczny.

STUDIA PRZYPADKÓW

Aby zobrazować teorię, zobaczysz tutaj dwa przykłady wyznaczania celów SMART w dwóch różnych obszarach: zarządzania projektami i rozwoju osobistego.

Kryteria SMART w zarządzaniu projektami

> *Firma A inwestuje w nową maszynę, aby zwiększyć produkcję tabletek. 5 stycznia menedżer formułuje swój cel SMART w następujący sposób: "W drugim kwartale George Dupond, który kieruje projektem, wykaże efektywny wzrost poziomu produkcji o 10 000 dodatkowych jednostek miesięcznych, dzięki nowej maszynie AX-02".*

- **Siła:** Ten cel spełnia wszystkie kryteria celów SMART. Menedżer może ocenić, czy cel rzeczywiście został osiągnięty w wybranym przedziale czasowym. W tym przykładzie łatwo będzie porównać produkcję np. do tej z grudnia (przy założeniu, że produkcja jest stała) i zweryfikować wzrost produkcji w drugim kwartale.

- **Słabości:** Ramy czasowe są stosunkowo mało precyzyjne. Pracownicy będą mieli tendencję do uznawania terminu za koniec drugiego kwartału, podczas gdy dla menedżera będzie to początek drugiego kwartału. Aby uniknąć nieporozumień, pamiętaj, aby wyznaczyć cel, który jest jak najbardziej dokładny.

Aby ustalić mierzalną część celu, menedżer będzie opierał się na wcześniejszych danych. Może wtedy obliczyć na przykład procentowy wzrost w porównaniu z poprzednim rokiem. Upewni się również, że możliwe jest sprzedanie tej dodatkowej produkcji, przeprowadzając konkretne badania rynku. Sprawdzi, czy jest to realne przy pomocy specyfikacji maszyny i wydajności pracowników.

PRZYPADEK SZCZEGÓLNY: PROJEKT Z CELAMI CZĄSTKOWYMI

Jeśli firma A uświadomi sobie, że produkcja tabletów jest bardziej złożona niż wcześniej sądzono, to określi dwa cele cząstkowe, aby osiągnąć cel 10 000 dodatkowych sztuk.

1. **Znalezienie nowych surowców do produkcji kolejnych produktów**. Zatem kierownik ds. zakupów (przypisywalny) będzie odpowiedzialny, przed końcem miesiąca (określony w czasie), za ocenę dostawców, kontakt z nimi i podpisanie umowy z tym, który oferuje najlepszą ofertę (konkretny i mierzalny). Cel ten wydaje się realistyczny, gdyż tego typu zadanie nie wykracza poza kompetencje kierownika ds. zakupów.

2. **Optymalizacja ustawień maszyny w celu minimalizacji odpadów**. Drugi cel cząstkowy będzie również realizowany przez kierownika ds. zakupów (przypisany), który znajdzie najlepszą kombinację różnych ustawień (określonych) – na przykład rozmiar i kształt formy oraz ilość tworzywa sztucznego. Ponieważ produkcja ma się rozpocząć za półtora miesiąca, wszystkie korekty muszą być dokonane przed tym terminem (określony w czasie).

Konkretnie, czynniki, które sprawiają, że produkt jest wadliwy, będą musiały zostać usunięte przy użyciu oprogramowania, które oblicza wszystkie możliwości i określa najlepsze z nich w oparciu o wskaźnik wad (mierzalne). Aby ten cel był realny, kierownik ds. zakupów musi szybko zdobyć omawiane oprogramowanie i jak najszybciej nabyć wiedzę techniczną, aby móc je skutecznie wykorzystać.

Kryteria SMART do wyznaczania celów nauczania

Augustin, młody absolwent literatury, chce zająć się tworzeniem stron internetowych, ale nie wie nic o programowaniu. Kupuje książkę, aby w niecały miesiąc stworzyć swoją pierwszą osobistą stronę internetową: powinna ona zawierać menu i około dziesięciu rozdziałów. Codziennie rano czyta około 15 stron tej książki i stopniowo kończy projekt.

Zasadnicza różnica między celami dydaktycznymi a innymi celami polega na adaptacji kryterium "przypisywalny" na "ambitny" (w przypadku celu dydaktycznego preferowane jest określenie "ambitny", ponieważ zakłada się, że cel jest zawsze osobisty). Nie oznacza to w żadnym wypadku, że cele stawiane w zarządzaniu projektami czy marketingu nie powinny być ambitne. Jeszcze raz chcemy podkreślić, że metoda SMART powinna być stosowana jako narzędzie do osiągania rezultatów, a nie jako lista kontrolna.

WPŁYW

OGRANICZENIA I KRYTYKA MODELU

Pamiętaj: nie wszystkie cele powinny być koniecznie SMART. George T. Doran nie zaprojektował tego akronimu jako listy kontrolnej, ale raczej jako pomoc w formułowaniu celów, aby osiągnąć wymierne rezultaty. Dlatego:

* Nie jest wskazane szerokie stosowanie tego modelu za każdym razem, gdy chcesz wyznaczyć cel. W rzeczywistości metoda SMART nie zawsze jest odpowiednia przy wyznaczaniu celów długoterminowych, ponieważ aspekt realistyczny może ograniczyć wszelkie cele, które są postrzegane jako zbyt ambitne.

* Nie wszystkie wyniki można zmierzyć w sposób obiektywny; firma nie zawsze posiada również niezbędne umiejętności lub środki finansowe, aby uzyskać i zinterpretować informacje. Nie oznacza to jednak w żadnym wypadku, że powinno ono zrezygnować z ustalania celów.

* Dostosowanie celu nie jest tak naprawdę możliwe w ramach modelu SMART (z wyjątkiem wariantu "A" jako "regulowanego", co omówiono poniżej). Czasami jednak ważne jest uwzględnienie potencjalnych zmian w otoczeniu, w którym działa firma.

Amerykański przedsiębiorca i wykładowca Brendon Burchard (założyciel Experts Academy, rocznik 1977) również twierdzi, że nie wszystkie cele powinny być SMART i pokazuje to na różnych przykładach. Na przykład cel Krzysztofa Kolumba, który chciał dotrzeć do Indii przez Atlantyk, był daleki od SMART. W tamtym czasie nie był naprawdę realistyczny, ponieważ ramy czasowe były niepewne. Jeśli chodzi o aspekt mierzalności, to można było to zrobić tylko w sposób binarny: cel jest albo osiągnięty, albo nie. Burchard przypomina, że należy pamiętać o ideałach i proponuje inny akronim – DUMB, który jest przeciwieństwem modelu SMART.

Szczególnie argumentuje on przeciwko realistycznemu charakterowi celów SMART, gdyż jest on prawdopodobnie najtrudniejszy do oceny. Według niego należy wyznaczyć cel ambitny, o ile jest on możliwy do zrealizowania. Jeśli preferowana jest "odpowiednia" odmiana, należy wówczas zastanowić się nad priorytetami firmy. Jeśli długoterminowym priorytetem jest obniżenie kosztów, to cel, który ma na celu dodanie wartości do produktu, byłby z tym sprzeczny i nieistotny. Istotność celu jest więc oceniana pod kątem długoterminowych priorytetów firmy lub jednostki w przypadku celów związanych z uczeniem się.

POWIĄZANE MODELE I ROZSZERZENIA

Interpretacje modelu SMART

Ze względu na swoją popularność, model SMART ma wiele odmian. Poniższa tabela zawiera zestawienie najczęściej spotykanych:

Często można spotkać się z następującą kombinacją: Konkretny, Mierzalny, Osiągalny, Istotny i Określony w czasie . W tym przypadku upewnij się, że używasz kryteriów "osiągalny" i "istotny" razem, z drugim zastępującym "realistyczny"; model zawierający zarówno "osiągalny" jak i "realistyczny" byłby bezcelowy. Kryterium "istotny" zapewnia dodatkowy wymiar, ale odrzuca koncepcję przypisania odpowiedzialności za projekt.

Zalecamy zatem dalsze stosowanie tego ostatniego, ponieważ istotność jest uwzględniona zarówno w kryterium "specyficznym", jak i w całym modelu.

Model SMARTER

Model SMART ma dodatkowe rozszerzenie: SMARTER. Dodatkowe "E" i "R" odnoszą się do oceny (evaluation) i przeglądu (review). Ocena retrospektywna jest związana z aspektem mierzalności. Choć w modelu SMART jest on ukryty, zwłaszcza "M", to teraz należy go wyraźnie określić, aby móc odpowiedzieć na następujące pytania:

- Kto jest odpowiedzialny?

- Jak można to osiągnąć?

Sam przegląd wymaga niezbędnych działań dostosowawczych po dokonaniu oceny. Poniższa tabela zawiera listę najczęściej spotykanych wariantów:

Model DUMB

Biorąc pod uwagę popularność modelu SMART, Brendon Burchard chciał (nieco złośliwie) zakwestionować jego zastosowanie i zasadność. Następnie zaproponował nowy akronim, który pozwala na więcej ambicji i mniej realizmu: kryteria DUMB, których pole semantyczne jest bezpośrednim przeciwieństwem kryteriów SMART.

4 elementy tworzące akronim to:

- **Dream-driven, czyli napędzany marzeniami.** Celom musi przyświecać marzenie. Podobnie jak Krzysztof Kolumb, osoby prywatne i biznes powinny wyznaczyć sobie ideał, który chcą osiągnąć. Firma musi na przykład aspirować do bycia najlepszą w swojej dziedzinie pod względem jakości.

- **Uplifting, czyli motywujący.** W tym przypadku ważną rolę odgrywa sformułowanie celu, gdyż musi być on motywujący. Burchard ilustruje to na przykładzie utraty wagi. Mówi on, że cel nie powinien być wyrażony w sposób negatywny, ale raczej jako "wyglądać jak supermodelka", co brzmi bardziej pozytywnie i dlatego jest bardziej inspirujące.

- **Method-friendly, czyli przyjazny dla metody.** Należy zaprojektować jasną metodologię, która pozwoli osobie realizującej cel zdyscyplinować się do jego osiągnięcia. Mając cele nauczania, można wymyślić codzienne czynności, które pozwolą na podniesienie poziomu w danej dyscyplinie.

- **Behaviour-driven, czyli motywowany zachowaniami.** Tym razem koncepcja obejmuje zmianę zachowania, która powinna przynieść zmianę: aby osiągnąć swoje marzenia, ludzie nie powinni wywierać na siebie zbyt dużej presji, ponieważ zachowanie ma bezpośredni wpływ na pozytywny wpływ na uczenie się i wyniki.

PODSUMOWANIE

- Model SMART (akronim od Specific, Measurable, Assignable, Realistic and Time-Bound) to narzędzie wykorzystywane przy wyznaczaniu celów w dziedzinie zarządzania projektami i rozwoju osobistego.

- Jego prostota i cecha mnemotechniczna, mająca ułatwić zapamiętanie, to główne przyczyny jego sukcesu.

- Istnieje wiele odmian tego modelu. Jedną z najbardziej znanych są kryteria SMARTER, w których dodano kryteria oceny i przeglądu.

- Jej realistyczny aspekt był krytykowany, ponieważ pozostawia niewiele miejsca na marzenia i ambicje, co oznacza, że nie jest odpowiednia dla celów długoterminowych.

- Wyznaczanie celów cząstkowych może być kluczowe dla ukończenia złożonych projektów.

- Kierownik może wybrać:

  - przyporządkuj najpierw cel, zanim opracujesz go bardziej szczegółowo lub odwrotnie;

  - uwzględniać pracowników przy ustalaniu celów, czy też nie.

- Należy pamiętać, że jest to metoda uzyskiwania wyników, a nie lista kontrolna. Dlatego nie zawsze należy brać pod uwagę wszystkie kryteria.

DALSZE CZYTANIE

BIBLIOGRAFIA

Burchard, B. (2014) Smart Goals Are DUMB. *The Charged life.* [Podcast]. [online]. [Dostęp 31 marca 2015]. Dostępny w: < https://itunes.apple.com/gb/podcast/charged-life-brendon-burchard/id821746377?mt=2>

Doran, G. T. (1981) There's a S.M.A.R.T. Way to Write Management's Goals and Objectives. *Management Review.* 70(11), pp. 35-36.

Drucker, P. F. (1954) *Praktyka zarządzania.* New York: HarperCollins Publishers.

Haughey, D. (2014) Krótka historia celów SMART. *Project Smart.* [Online]. [Dostęp 31 marca 2015]. Dostępny w: < http://cdn. projectsmart.co.uk/pdf/brief-history-of-smart-goals.pdf>

Morisson, M. (2010) Historia celów SMART. *RapidBI.* [Online]. [Dostęp 31 marca 2015]. Dostępny w: < https://rapidbi. com/history-of-smart-objectives/>.

Prunier, Y. (2013) Un objectif SMART n'est pas la panacée. *Les Echos.fr.* [Online]. [Dostęp 31 marca 2015]. Dostępny w: < http://archives.lesechos.fr/archives/cercle/2013/04/10/ cercle_70057.htm>

Vincent, F. (2013) Créer des objectifs S.M.A.R.T., une formule magique en marketing. *Stratégie marketing PME.* [Online]. [dostęp 31 marca 2015]. Dostępny w: < http://www.strategiemarketingpme.com/strategies/creer-objectifs-s-m-r-t-formule-magique-en-marketing/>

Yemm, G. (2013) *Essential Guide to Leading Your Team: Jak wyznaczać cele, mierzyć wyniki i nagradzać talenty*. New York: Pearson Education. pp. 37-39.

DODATKOWE ŹRÓDŁA

Dallas, J. (2015) *Smart Goals: Everything You Need to Know About Setting S.M.A.R.T. Goals. Dream Big, Set Goals, Take Action*. Kindle Editions.

Gudger, J. (2013) *SMART Goals: The Ultimate Goal Setting Guide*. Kindle Editions.

Scott, S. J. (2014) *Goals Made Simple - 10 Steps to Master Your Personal and Career Goals*. Kindle Editions.

Chcemy usłyszeć od Ciebie, co się dzieje!
Zostaw komentarz na temat swojej internetowej biblioteki
i podziel się swoimi ulubionymi książkami w mediach społecznościowych!

Wydawca zapewnia o wiarygodności publikowanych informacji, co jednak nie może wiązać się z jego odpowiedzialnością.

Master ISBN : 9782808066464
Papierowy ISBN : 9782808069250
Depozyt prawny: D/2022/12603/146

Projekt cyfrowy: Primento - cyfrowy partner wydawców.